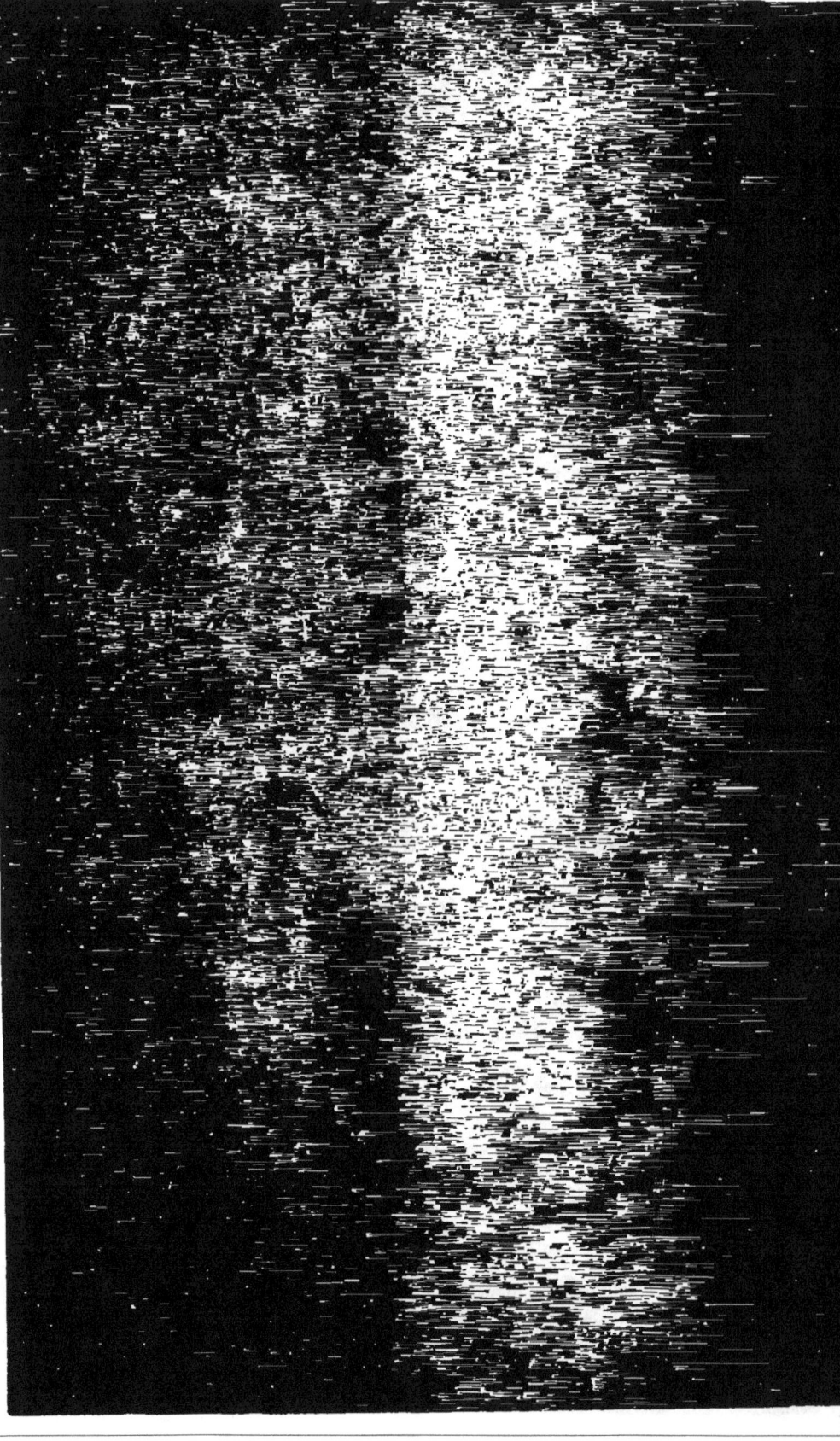

Messire INFERNET

CHANOINE HONORAIRE, ARCHIPRÊTRE,

CURÉ DE DRAGUIGNAN,

CHEVALIER DE LA LÉGION D'HONNEUR.

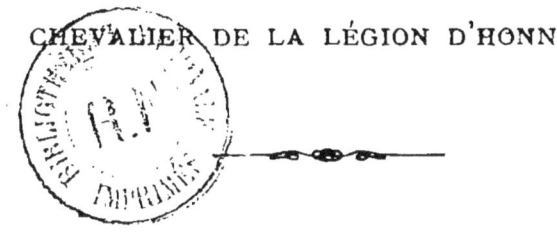

NOTICE BIOGRAPHIQUE.

DRAGUIGNAN

IMPRIMERIE C. ET A. LATIL, ESPLANADE, 4.

1883.

Vu, approuvé et permis d'imprimer.

Fréjus, le 10 mars 1883.

† FERDINAND, *évêque de Fréjus et Toulon.*

Le pasteur dont la paroisse de Draguignan déplore aujourd'hui la perte, fut appelé, en 1867, à payer un légitime tribut de regrets à la mémoire du président de la Conférence de Saint-Vincent de Paul, l'honorable et toujours regretté M. Paul Duval, et il prononça, en faisant l'éloge du défunt, ces paroles, que lui dictaient à la fois l'amitié et la justice :

« Quand on pense à cette influence si bonne et si salutaire qu'exerçait M. Duval sur tous ceux qui l'approchaient, à cette impression soudaine d'estime, je dirai presque de vénération, dont ne pouvaient se défendre ceux que les circonstances ou les affaires mettaient en rapport avec lui ; quand on pense à cet ascendant irrésistible de sa haute raison, de la dignité et de la noblesse de son caractère, de la bonté et de la franchise de son cœur ; quand on pense enfin à tout le bien qu'il a fait, à celui qu'il semblait appelé à faire encore, dans une plus large mesure, par l'autorité toujours croissante de son exemple, par l'activité de son zèle, qui devenait de jour en jour plus infatigable et plus ardent, sa mort prend à mes yeux les proportions d'un malheur public. »

Celui qui écrivait ces lignes ne pensait pas que, seize ans plus tard, elles lui seraient éminemment applicables et qu'il exprimait ainsi d'avance les regrets que causerait sa propre mort. Il est vrai que l'homme de bien dont il retraçait les vertus fut enlevé à notre cité dans toute la vigueur de l'âge, tandis que la vieillesse avait déjà blanchi la tête et courbé les épaules de notre curé ; mais il est plus vrai encore que son amour pour Dieu et pour les âmes renouvelait sans cesse en lui la vigueur de la jeunesse et nous faisait espérer qu'il serait pour nous le canal de plus de bienfaits que Dieu ne nous en avait déjà versé par son ministère. Nous souriions à la pensée de le voir, comme son respectable père, atteindre la centième année de son existence, et de le conserver jusque-là parmi nous tel qu'il y a été pendant trente-deux ans. Puisque Dieu ne l'a pas permis et l'a appelé plus tôt à la récompense des ouvriers évangéliques, notre devoir est tout tracé. Honorons sa mémoire non point par des pleurs stériles, mais par l'admiration et l'imitation de ses vertus, dont nous voudrions, en écrivant ces pages, fixer le souvenir dans tous ceux qui l'ont vénéré et chéri.

Messire INFERNET

CHANOINE HONORAIRE, ARCHIPRÊTRE,

CURÉ DE DRAGUIGNAN,

Chevalier de la Légion d'honneur.

Pierre-Louis INFERNET naquit à Toulon, le 26 avril 1806. Il était le troisième des onze enfants que Dieu donna à Jean-Pierre Infernet et à Thérèse-Aimée-Cécile Gros. De bonne heure on put comprendre qu'il consacrerait au service de Dieu les dons heureux qu'il tenait de sa libéralité. Servant de messe à la paroisse Saint-François, où il avait été baptisé et pour laquelle il conserva toujours une affection singulière, il fut remarqué par l'abbé Carle, modeste auxiliaire de cette église, qui lui donna les premières leçons de latinité. Admis ensuite au collège, il fut toujours le plus brillant élève de sa classe et il recueillait chaque année, à la distribution des prix, presque tous les lauriers, comme nous en a témoigné un vénérable prêtre, son condisciple et son compagnon dans toutes les ordinations (1). Aussi devint-il l'orgueil

---

(1) M. le chanoine André, curé doyen du Beausset.

de ses maitres et, en particulier, de M. Albert, qui pendant plus d'un demi-siècle, a instruit de ses leçons et édifié par ses exemples la jeunesse toulonnaise. Membre assidu de la congrégation fondée par M. Bouis, curé de Saint-Louis, pour servir de pépinière au sanctuaire, il édifiait ses condisciples par son maintien, sa modestie, sa ferveur tout angélique.

A la fin de son cours de philosophie, il soutint brillamment une thèse sur l'immortalité de l'âme, dont il fit hommage au curé de Sainte-Marie, M. Michel, de sainte mémoire, qui fit encadrer ce petit chef-d'œuvre et, devenu évêque de Fréjus, le plaça honorablement dans une pièce de son palais.

Quelques mois plus tard, le jeune Infernet était inscrit parmi les élèves du grand séminaire de Fréjus et les directeurs reconnurent bien vite de quel sujet d'élite la maison s'était enrichie. L'heureuse influence qu'il exerça sur ses condisciples est restée dans le souvenir des rares survivants de cet âge. « Je n'oublierai jamais, nous écrit celui dont nous avons déjà invoqué le témoignage, avec quel ravissement il nous parlait de la sublimité du sacerdoce, pendant la nuit où nous faisions route ensemble, allant célébrer notre première messe pour la fête de Noël. »

Mais avant que l'abbé Infernet eût été revêtu de

la dignité sacerdotale et tandis qu'il achevait ses études théologiques, puis allait professer au petit séminaire de Brignoles, un prêtre de Draguignan ordonné en décembre 1827 retournait, comme vicaire, dans son pays natal, où son ardente intelligence et son intuition profonde avaient mesuré le bien qu'il y avait à faire et les ruines qui restaient à réparer depuis la révolution. M. l'abbé Blancard trouvait à Draguignan une paroisse desservie par trois confesseurs de la foi : M. le curé Brun, qui pendant la terreur avait vécu de la vie des catacombes et avait été trainé de prison en prison ; M. Preiré, premier vicaire, que la fatale charrette avait transporté à Paris et que le neuf thermidor avait arraché à l'échafaud ; M. Gaytté, qui avait goûté, dans l'émigration, les amertumes de l'exil. Ces saints prêtres pliaient sous le faix des années et ne pouvaient pleinement développer, dans les œuvres paroissiales, cette sève de vie chrétienne qu'un jeune clergé avait déjà commencé de faire circuler dans le diocèse, sous l'impulsion d'un évêque acclamé pour sa charité et pour cette affabilité qu'il savait si bien allier aux grandes manières de l'ancienne noblesse ; nous avons nommé Mgr de Richéry. M. l'abbé Paul, autre enfant du pays, avait déjà, par sa piété et ses largesses, jeté les fondements de cette régénération spirituelle, quand M. Blancard vint s'associer à ses travaux. Il fut le cœur ; M. Blancard fut la tête. Celui-ci avait connu et distingué l'abbé Infernet au grand séminaire, et lorsque le départ du vénéré M. Supriès pour les missions étrangères laissa un vicariat vacant dans la paroisse, il usa de son influence déjà considérable pour faire nommer au poste de Draguignan le jeune prêtre toulonnais aussitôt après son ordination, qui eut lieu le 19 décembre 1829.

Ce fut à partir de ce moment que la paroisse de Draguignan subit la plus heureuse des transformations. Une mission fut donnée pendant le carême de 1830 par les missionnaires de Valence, et un courant d'idées chrétiennes fut imprimé aux générations nouvelles, jusque-là comme submergées par les eaux croupissantes de l'incrédulité voltairienne. La croix fut portée à la fin de la mission par des centaines d'hommes et plantée sur une de nos avenues, où elle est restée longtemps triomphante. La confrérie du Sacré-Cœur prit, sous la direction de M. Infernet, une vie nouvelle, qui ne s'est plus affaissée. Les instructions du jeune vicaire révélaient si bien les ardeurs de son âme, que plusieurs le prenaient pour un de ces hommes apostoliques dont le passage dans la paroisse coïncida presque avec son arrivée parmi nous.

Aussi fut-il bien vite chéri de ses confrères et

des fidèles, et ce fut ainsi qu'il jeta, avec ces saints prêtres, la semence dont il devait plus tard recueillir les fruits, en arrosant de nouvelles sueurs le champ qui serait confié à sa sollicitude pastorale.

En 1834, l'abbé Infernet fut nommé curé de Tourves ; il emporta dans sa nouvelle paroisse l'affection et le respect de tous les Dracénois et lorsque, au mois d'octobre de la même année, M. le curé Brun se vit aux portes du tombeau, il ne voulut pas expirer sans avoir été visité et assisté, à son lit de mort, par le curé de Tourves, qui s'empressa d'accéder aux désirs du mourant et recueillit son dernier soupir.

Jusque-là, M. Infernet avait réalisé les espérances que faisaient concevoir sa piété et ses talents. Une fois investi de la charge pastorale, il montra une prudence précoce, qui ne le cédait en rien à ses autres qualités. Il donna à la paroisse de Tourves une organisation et un calme dont des circonstances diverses l'avaient empêchée de jouir plus tôt, et, en même temps, il développa, comme à Draguignan, les germes de la piété dont cette religieuse population a tant de fois donné de magnifiques exemples. On sait que la paroisse de Tourves a le privilége d'une grande indulgence appelée *pardon*, toutes les fois que l'Invention de la Sainte Croix tombe le dimanche. Cette faveur lui a été accordée pour honorer une des épines de la

Sainte Couronne, qui lui fut donnée par le cardinal d'Astros, natif de Tourves, alors qu'il était vicaire général de Paris. Le *pardon* eut lieu en 1835, un an après l'installation de M. Infernet. Son zèle réveilla si bien la foi de ses paroissiens, que cinq cents hommes s'approchèrent de la table sainte. Le choléra vint, quelques mois plus tard, visiter cette localité, comme presque toutes celles de la Provence : le curé se montra intrépide en présence du fléau et son courage contribua à éloigner des esprits cette terreur qui est si souvent le véhicule rapide du mal.

L'administration de Monseigneur Michel comprit combien il importait d'utiliser pour le bien général du diocèse les rares talents de M. Infernet. En 1837, il fut placé à la tête du séminaire de Brignoles, et il suffit d'interroger les prêtres, nombreux encore, qui y furent élevés pendant sa supériorité, pour apprendre ce que gagnèrent la discipline et les études sous sa direction. Aussi habile à discerner et à manier les esprits qu'à diriger les consciences, doué d'un coup d'œil sûr pour les intérêts soit moraux, soit matériels de la maison, le jeune supérieur, arrivé à ce poste à peine âgé de trente-et-un ans, eut bientôt donné à la maison le relief et l'éclat que ses dignes successeurs lui ont si bien conservés. Il sut, en même temps, tout obtenir du dévouement des maîtres, courber les élèves sous le joug paternel d'une soumission salutaire dont notre siècle ne cherche que trop à affranchir la jeunesse, et attacher à l'établissement les personnalités les plus distinguées de Brignoles, que son esprit élevé attirait et groupait autour de lui ; ainsi fut assurée la prospérité de la maison.

En 1845, Monseigneur Wicart, prenant possession du diocèse, reconnut aussitôt les mérites de M. Infernet et le revêtit des insignes du canonicat ; presque immédiatement après, il l'appelait à Fréjus et le plaçait à la tête de son grand séminaire, pour y continuer les traditions du saint M. Maunier, si bien maintenues par M. Barnieu, aujourd'hui doyen du chapitre. Pendant plus de cinq ans, M. Infernet forma les élèves du sanctuaire aux vertus sacerdotales avec une autorité de parole que confirmaient ses exemples, et la confiance que le clergé du diocèse n'a cessé de lui témoigner, à la suite des vénérés prélats qui se sont succédé sur le siége de saint Léonce, est le témoignage le plus éclatant du bien dont les âmes et l'Eglise lui sont redevables.

En 1851, M. Nard, de pieuse et vénérée mémoire, se démit humblement de la cure de Draguignan, qu'il occupait depuis la mort de M. Brun, pour aller achever l'œuvre de sa sanctification personnelle dans la retraite du canonicat, où il emporta la sympathie universelle. A la voix de son évêque, M. Infernet accourut vers la chère paroisse de Draguignan, où il retrouvait, comme curé, les impressions heureuses qu'il avait produites comme vicaire et qui avaient laissé une trace profonde. Il fut installé le 6 avril, dimanche de la Passion. (1)

On put comprendre, dès ce jour, quelle serait la double direction que le nouveau curé imprimerait à la gestion de sa charge sacrée. Une abondante distribution de pain fut faite aux pauvres et un service funèbre fut annoncé pour ceux qui avaient été ses confrères dans le vicariat ; c'était dire qu'il venait se dépenser pour les malheureux et alimenter le zèle auquel il avait été associé en 1830 et dont les ardeurs devenaient comme son héritage. La paroisse tout entière est là pour proclamer que ces admirables dispositions, loin de jamais se démentir, ont été de plus en plus vivantes et efficaces pendant trente-deux ans.

S'il n'y avait eu dans cette longue vie pastorale aucun des événements dont la mémoire doit passer à la postérité, elle serait néanmoins considérable par cette persévérance dans le bien qui en a été le principal caractère. Le pasteur se multipliait pour son troupeau à l'âge de soixante-et-quinze ans

---

(1) Après le départ de M. Infernet, la direction du grand séminaire fut confiée au zèle apostolique des RR. PP. Oblats de Marie Immaculée.

autant et plus que le jour qu'il arriva parmi nous ; les œuvres paroissiales recevaient de lui une impulsion toujours aussi vigoureuse. Au milieu de tant de sacrifices qu'il a fallu, à cause du malheur des temps, demander aux fidèles, toutes les inventions nouvelles de la piété catholique ont pu prendre leur droit de cité dans la paroisse, sans rien faire perdre de leur importance aux institutions plus anciennes.

Soit par lui-même, soit par des collaborateurs qui, en vieillissant autour de lui, faisaient son honneur et sa force, il développait la vitalité et l'esprit de ferveur dans toutes les associations : Dames de la Providence, Congrégation de la Sainte Vierge, Zèle pour le patronage des jeunes filles, Conférence de Saint-Vincent-de-Paul, Confrérie des Sept-Douleurs, exercices en l'honneur du Sacré-Cœur, dont il reprit, dans sa vieillesse, la direction à laquelle il avait consacré, cinquante ans auparavant, les prémices de son zèle. Il attirait et accueillait avec joie les Pères de l'Oratoire de S. Philippe de Néri, qui étaient appelés à reconstituer dans Draguignan toute une jeunesse chrétienne, si la tempête soulevée par l'impiété ne les avait dispersés au moment où leurs travaux commençaient à porter leurs fruits. En même temps, il obtenait des fidèles d'abondantes aumônes pour le Denier de Saint Pierre, pour les besoins du diocèse, pour la Propagation de la foi, pour la Sainte-Enfance et pour les autres fondations catholiques nécessitées par les besoins de notre époque.

Tant qu'il fut administrateur de l'hospice, il contribua largement à des réparations de l'édifice et à des améliorations de régime qui devaient tourner au profit des malades. En même temps, ses générosités envers l'établissement des Petites-Sœurs des Pauvres, qui ne diminuaient en rien ses aumônes à domicile, nous ont montré comment la charité chrétienne et sacerdotale sait, en ne calculant pas, rester inépuisable.

Lorsque la guerre fut déclarée à l'instruction chrétienne, il assura l'existence de l'école des Frères et organisa un comité dont le fonctionnement, grâce à l'heureux choix des membres qui le composent, est pour nous la garantie de l'avenir.

Il répétait souvent qu'il ne fallait pas faire céder le plus petit des devoirs devant le plus légitime des plaisirs, et c'est en mettant ce principe en acte qu'il maintint toutes ces œuvres paroissiales en pleine sève de fidélité et de ferveur. Ce qui assura surtout le succès de ses travaux, après la grâce de Dieu, c'est que chez lui l'action fut toujours précédée de la délibération et qu'il ne cessa jamais d'être tel qu'il s'était révélé dans sa jeunesse, un homme de conseil.

Ayant vu, tour à tour, passer à côté de lui tant de régimes et d'administrations avec lesquelles il avait à débattre des intérêts importants et parfois délicats, il avait su, remplissant toujours son devoir, faire, dans toutes les circonstances, apprécier, des plus élevés comme des plus humbles, sa fermeté, son esprit de conciliation, son désintéressement, la sainteté de sa vie et la dignité de son caractère. (1)

Si ces hautes qualités ont contribué à rendre permanentes les œuvres qui, en donnant à M. Infernet une réputation qu'il ne cherchait pas, ont déjà plaidé sa cause devant Dieu, elles ont surtout brillé dans les événements remarquables de sa vie pastorale, qui ont mis en évidence son caractère si fortement trempé. Nous allons en rappeler quelques uns des plus saillants.

Dès que le permirent les circonstances d'une époque troublée par les événements politiques, M. Infernet fit prêcher, en 1852, par les RR. PP. Jésuites, une mission qui doubla le noyau des chrétiens pratiquants. Le succès en fut déterminé par une apostrophe chaleureuse que le pasteur adressa aux indifférents et aux timides, en leur demandant

---

(1) Nous empruntons, mot pour mot, ce jugement à l'article nécrologique publié par le journal *le Var* du 15 février 1883, et dont nous reproduisons plusieurs passages ci-dessous, dans l'impuissance où nous nous reconnaissons de dire aussi bien et aussi juste.

si Draguignan serait cette cité sans notion pratique de la divinité que le païen Plutarque déclare introuvable. Un frisson parcourut l'auditoire, l'ébranlement voulu était obtenu, et depuis lors la communion pascale des hommes est restée comme le principal trophée de la victoire sur le respect humain.

Une des premières choses que M. Infernet eut également à cœur, ce fut de donner de la splendeur au culte de la Très-Sainte-Vierge. M. Nard avait eu l'heureuse pensée de racheter la chapelle de Notre-Dame du Peuple, au moment où le choléra envahissait la Provence, et c'est à la protection de Marie, invoquée sous ce vocable, que Draguignan a toujours attribué la préservation complète dont il eut le privilége à cette époque. M. Infernet assura le service divin dans ce sanctuaire, qu'il fit reconnaître comme chapelle de secours ; il l'agrandit et le décora d'une façade gothique, et la fête du 8 septembre a été célébrée depuis avec un concours toujours plus édifiant, avec une pompe toujours croissante, que Monseigneur Jordany, pendant son mémorable épiscopat, a rehaussé quatre fois de sa présence.

On ne saurait oublier tout ce que M. Infernet montra de dévouement et de courageux sang-froid durant le choléra de 1855 et l'épidémie de suette en 1860.

Il y eut, à ces deux époques, un groupe d'hommes, prêtres, médecins, fonctionnaires, membres de la Société de Saint-Vincent-de-Paul, qui, à l'envi, soignaient nos malades et ensevelissaient nos morts avec l'affection de véritables frères. Avec eux et à leur tête, le curé Infernet rivalisa d'abnégation et se multiplia. C'est après avoir ainsi lutté contre ces fléaux qu'il fut fait chevalier de la légion d'honneur. Cette décoration si bien méritée, il ne la portait jamais, sauf les occasions où l'éclat pouvait en rejaillir sur le clergé ; ainsi le voulait son humilité vraiment évangélique.

Mais la plus grande gloire de M. Infernet sera d'avoir doté le chef-lieu d'une église paroissiale qui est le plus beau monument du pays et la consolation des fidèles. Quelle joie n'éprouva-t-il pas lorsque, répondant admirablement à son appel, la population s'engagea à verser près de deux cent mille francs en faveur de cette œuvre presque colossale. Comme le front du pasteur était rayonnant lorsque Monseigneur Jordany vint poser solennellement la première pierre de l'édifice ! Et puis, que d'efforts persévérants, que de conférences avec les autorités civiles, que de souplesse et de patience pour calmer toutes les impatiences et pour triompher de tous les mauvais vouloirs ! Les difficultés furent grandes de toute part; les ressources étaient limitées, les finances de la fabrique et de la municipalité épuisées, les oppositions grandissantes. Ce fut alors surtout que M. Infernet manifesta ces qualités essentielles pour quiconque doit traiter avec des hommes dont les intérêts, les goûts et les volontés sont aux prises. Un grand tact et une grande loyauté furent ses seules armes, et lorsque, le 3 juillet 1870, il prit possession de la nouvelle église, on fut unanime, dans la jubilation universelle, à louer sa prudence, que l'on avait été tenté de taxer de lenteur. Dans neuf ans, l'œuvre avait été achevée, et ce monument est bien son plus beau panégyrique.

En 1873, la paroisse de Draguignan eut l'honneur d'organiser le premier pèlerinage diocésain à Lourdes ; à l'appel de M. l'Archiprêtre et du Comité qu'il présidait, huit cents pèlerins allèrent porter leurs hommages et leurs supplications à la Vierge miraculeuse des Pyrénées, avec un ordre, une piété et un enthousiasme qui ont eu tant d'imitateurs depuis cette époque.

Le 19 décembre 1879, toute la famille paroissiale était en fête ; son père célébrait ses noces d'or, c'est-à-dire le cinquantième anniversaire de son ordination au sacerdoce. La lettre que Monseigneur Terris, notre Evêque, voulut bien lui écrire à ce sujet et prescrivit de lire en chaire, donnera une juste idée des sentiments dont étaient animés le clergé et les fidèles, qui donnèrent tout l'éclat possible à cette solennité, où le cœur jouait le principal rôle :

« Mon très-cher et très-vénéré Archiprêtre,

« Mon cœur s'émeut à la grande et bonne nou-
« velle que vous m'annoncez, et me voici m'unissant
« de toute ma respectueuse tendresse à cette fête
« du cinquantième anniversaire de votre sacerdoce.
« Tandis que le clergé et les fidèles de Draguignan
« la célèbreront avec toute la solennité possible,
« — car c'est ainsi que je le désire et que je le
« veux, — moi aussi, après la messe, que j'aurai
« célébrée pour vous, je dirai à Dieu le *Te Deum*
« qui, avec mes propres sentiments, résumera,
« j'en suis sûr, les sentiments de tous mes prêtres.

« Quel beau demi-siècle de vie sacerdotale !
« Avec quelle sérénité et quelle douce joie vous
« pouvez regarder en arrière et interroger votre
« passé ! Et combien ce passé vous rend fort pour
« fixer l'avenir !

« Laissez donc, mon cher Archiprêtre, laissez
« vos bons vicaires et le digne chanoine Duval
« s'abandonner à leur joie filiale et convoquer les
« fidèles à cette fête que vous présiderez. Ce sera
« une fête de famille ; ce devrait être une fête
« diocésaine, tant l'étendue de vos mérites, la
« confiance dont vous jouissez et la fécondité de

« votre long et important ministère vous ont fait,
« parmi nous, l'homme de tous. Combien de nos
« prêtres ont été formés par vous, soit au petit
« séminaire de Brignoles, soit au grand sémi-
« naire, pendant les quatorze années que vous
« avez été à la tête de ces deux maisons ! Et depuis
« que, faisant succéder l'exemple au précepte,
« vous dirigez avec tant d'éclat la grande et belle
« paroisse de Draguignan, combien qui se plaisent
« à s'inspirer de vos sages et paternels conseils !
« Aussi bien me semble-t-il, en ce jour de vos
« noces d'or, entendre un harmonieux concert où
« les accents de la reconnaissance s'unissent à
« ceux de la prière, et je me rappelle alors cette
« charmante et profonde parole de saint Ambroise :
« *Nihil pulchrius quam eosdem senes et magistros*
« *vitæ et testes habere.* (1)

« Que Dieu longtemps encore vous conserve à
« mon diocèse et à cette paroisse de Draguignan,
« où j'aime à retrouver sous votre direction, plus
« courageuses à mesure que les temps se font plus
« mauvais, ces âmes noblement chrétiennes qui,
« en formant votre couronne, multiplient mes
« consolations ! Que Dieu vous conserve aussi à
« la confiance et à l'affection de votre Evêque, qui

---

(1) Rien n'est plus beau que d'avoir pour témoins de notre vie les vieillards qui en furent les précepteurs.

« se sent fort lorsque, s'appuyant d'abord sur
« l'assistance divine promise à son ministère, il
« peut s'appuyer ensuite sur des collaborateurs
» tels que vous. C'est pourquoi il m'est doux au-
« jourd'hui de vous rendre témoignage, mon cher
« et vénéré Archiprêtre, et de vous redire combien
« sont profonds et sincères mes sentiments de
« respectueuse estime et d'entier dévouement en
« Notre-Seigneur.

« † FERDINAND, *Evêque de Fréjus et Toulon.* »

Hélas ! ces vœux du Pontife et des fidèles ne devaient pas être pleinement exaucés, et depuis lors les attaques plus fréquentes du mal nous firent craindre comme prochain le fatal dénouement que nous n'avions entrevu jusque-là que dans un lointain avenir.

Tous les croyants savent que c'est surtout par les souffrances que la Providence sanctifie ses élus et donne la fécondité aux travaux des apôtres. Aussi n'ont-elles point manqué à la vie de M. Infernet. Jeune encore, il fut menacé de laryngite ; atteint à plusieurs reprises du tic douloureux le plus violent, paralysé deux fois par un rhumatisme goutteux, dont les eaux de Gréoulx atténuèrent les effets sans jamais le faire disparaître, il eut aussi une autre infirmité permanente, la carie de l'os du rocher, qui confondait la science et la forçait à se demander comment on pouvait vivre avec une pareille lésion. A ces maux vint se joindre, avec l'âge, une affection catarrhale qui donnait souvent de l'inquiétude à nous tous, mais que M. Infernet bravait avec l'audace du guerrier qui veut mourir les armes à la main pour l'honneur du drapeau et le salut de la patrie. Il ne semblait pas croire lui-même à ses infirmités, et quand il se relevait après une violente secousse qui l'avait cloué pour quelque temps dans son lit, il se remettait à l'œuvre avec l'ardeur d'un jeune débutant. Il répétait avec plaisir cette parole qu'il avait trouvée dans l'Oraison funèbre de Monseigneur Paulinier par Monseigneur Besson : « S'écouter vivre, c'est s'entendre mourir. »

En même temps qu'il s'aguerrissait ainsi et s'habituait, pour ainsi dire, aux menaces de la mort, il en profitait pour croître en piété et en vertus. Les personnes qui depuis longtemps avaient confié à son paternel dévouement la direction de leur conscience, avaient remarqué qu'après chaque nouvelle invasion du mal, il revenait à elles avec une nouvelle abondance de ferveur, d'onction, d'amour divin, dont il pénétrait les cœurs soumis à son action communicative.

Il nous faut dire maintenant de quels admirables sentiments notre pasteur bien-aimé a donné le doux et consolant spectacle dans les derniers jours de sa vie; c'est ici comme son testament spirituel pour sa famille paroissiale. (1)

Après avoir prêché le troisième dimanche de l'*Avent* et célébré sa dernière messe le 19 décembre 1882, cinquante-troisième anniversaire de son ordination, M. Infernet ressentit une fatigue qui ne ressemblait en rien à celles qui, plusieurs fois, avaient inquiété et même alarmé son entourage. Une affection au cœur venait de se déclarer et il fut condamné au repos de la chambre pendant les solennités de Noël. L'état du malade ne parut pas s'aggraver jusqu'à la fin de janvier. Soudain, dans la nuit du 29 au 30 de ce mois, il éprouva une crise d'étouffement avec congestion pulmonaire, qui fit craindre que les derniers instants ne fussent arrivés. Il ne se fit pas illusion et, conservant dans le danger sa présence d'esprit habituelle, il demanda à être administré sans retard. A cinq heures et demie du matin, il reçut le Saint Viatique et l'extrême-onction, en présence de tout le clergé, des mains de M. le chanoine Sivan, son digne collaborateur à Draguignan depuis plus de trente ans.

C'est surtout à partir de ce moment suprême

(1) Nous répétons ici ce que nous avons dit dans la *Semaine religieuse* du diocèse, en complétant notre récit par les détails édifiants que nous avons connus depuis.

que le vénéré malade révéla toutes les richesses de son cœur, que plusieurs de ceux qui le connaissaient moins croyaient inférieures aux ressources de sa raison, toujours maîtresse d'elle-même. Que ne pouvons-nous citer ici toutes les paroles brûlantes d'amour de Dieu, tous les textes de la Sainte Ecriture, toutes les expressions d'affectueuse tendresse pour sa famille sacerdotale et pour les paroissiens qui se sont trouvés sur ses lèvres pendant douze jours de crises et de douleurs, mais aussi d'admirables élans vers le prince des pasteurs !

Que ne pouvons-nous reproduire son entretien avec Monseigneur l'Evêque, qui s'empressa, dans sa touchante bonté, d'apporter, dès le premier jour, au malade la consolation et l'honneur de sa visite ! M. Infernet était mieux lorsque arriva notre bien-aimé prélat et il semblait que le danger diminuait d'intensité ; mais le mal reprit son cours inexorable, en laissant toutefois au malade le moyen d'être le modèle du clergé sur son lit de mort, comme il l'avait été pendant sa carrière sacerdotale.

Après avoir fait à Dieu le sacrifice de sa vie, il reçut une seconde fois la Sainte Communion, le jeudi 8 février ; il apprit avec reconnaissance que Monseigneur l'Evêque autorisait un *Triduum* de prières pour son rétablissement, mais en restant fermement dans le contrat qu'il avait passé avec la volonté divine et qu'il résumait ainsi : « Pas un jour de plus de vie et pas une souffrance de moins. » Il donna avec effusion sa bénédiction, qui lui fut demandée par son premier vicaire pour les paroissiens, qu'il avait tant aimés, et pour son clergé, dont il avait toujours été le père.

Il voulut jusqu'à la fin réciter le Bréviaire, quoiqu'il en fût évidemment dispensé par la gravité de son état, et le jour-même qu'il fut administré et que Monseigneur le visita, il profita du mieux apparent qui se manifesta pour dire les petites heures et les vêpres. Quand il lui fut impossible de satisfaire à cette douce charge de la prière publique, les ardeurs de son âme vers Dieu s'exhalaient en oraisons jaculatoires tirées de nos saints livres. Il répétait souvent avec saint Paul : *Cupio dissolvi et esse cum Christo* (1), — *Christo confixus sum cruci* (2), et avec le Psalmiste : *Expectans expectavi Dominum* (3). Il ajoutait avec l'auteur de l'Apocalypse : *Ecce sto ad ostium et pulso* (4), se souvenant, sans doute, des paroles de saint Grégoire que l'Eglise met si souvent sur les lèvres du prêtre : « Le Seigneur frappe à la porte lorsqu'il

---

(1) Je désire de me voir délivré des liens du corps pour être avec Jésus-Christ.
(2) Je suis crucifié avec Jésus-Christ.
(3) J'attends, oui, j'attends le Seigneur.
(4) Me voici à la porte, et je frappe.

nous avertit par les angoisses de la maladie que la mort est proche. »

Le soir du 8, on lui dit que les médecins l'avaient trouvé mieux ; il le regretta : « J'avais fait mon sacrifice, dit-il, et je crains que la patience ne me fasse défaut. » Il n'en fut rien. Jusqu'au bout fidèle à son Dieu et à lui-même, il resta inébranlable et magnanime en face de la mort. Quand ses lèvres articulèrent plus difficilement, il aimait à entendre les prières que son confesseur et son vieil ami, M. le chanoine Duval, ou ses vicaires récitaient pour lui. A une phrase du *Lauda Sion* qui lui fut citée, il répondit, dans un dernier effort, en prononçant toute la strophe finale de cette prose, où l'entrée dans la sainte cité est demandée à Jésus Eucharistie. Il voulut entendre plusieurs fois l'antienne *Sancta Maria*, où se trouvent les paroles *Ora pro populo*, qu'il avait fait sculpter en lettres d'or sur la façade de Notre-Dame du Peuple. Souvent ses regards se portaient vers l'image de Notre-Dame du Sacré-Cœur placée près de son chevet et dont il avait aimé à propager la dévotion.

Le samedi matin, 10 février, M. Sivan lui offrit l'application de l'indulgence plénière soit comme membre de la confrérie du scapulaire, soit comme associé du T.-S. Rosaire : « L'une et l'autre, » répondit-il. Puis ses sens s'éteignirent dans la dernière lutte et il expira le même jour à dix heures du soir.

Le lendemain matin, selon l'usage suivi à Draguignan au décès d'un prêtre, la cloche tintait soixante et dix-sept coups et annonçait à la population l'âge du pasteur qu'elle venait de perdre. Après les offices du dimanche, le corps, revêtu des ornements sacerdotaux, fut transporté dans l'église paroissiale et les vêpres des morts furent chantées en présence d'une foule innombrable, avide de contempler encore une fois les traits amaigris et décolorés de son pasteur. Le lundi, 12 janvier, une messe solennelle fut chantée avec la même affluence de fidèles, et pendant tout ce jour, l'église ne cessa d'être remplie de visiteurs pieux, qui venaient près de ce lit funèbre verser leurs larmes avec leurs prières et déposer aux pieds du cercueil de magnifiques et nombreuses couronnes.

Le mardi, les obsèques furent célébrées à dix heures et demie du matin. Elles étaient présidées par M. Martin, vicaire général, qui avait accompagné Monseigneur l'Evêque dans sa visite du 30 janvier et avait eu sa part dans les touchants adieux du mourant. Cinq membres du Chapitre de la Cathédrale, MM. les archiprêtres de Fréjus, de Grasse, de Toulon et de Brignoles, MM. les supérieurs des séminaires diocésains, soixante et dix ecclésiastiques, parmi lesquels beaucoup de dignitaires, étaient accourus pour donner le dernier adieu à celui qui réalisa si bien le type du prêtre dans les diverses fonctions du saint ministère.

Après avoir célébré la grand'messe, M. le Vicaire général monta en chaire et, tant au nom de Monseigneur l'Evêque qu'au sien, rendit hommage aux vertus sacerdotales de celui qu'il se glorifia d'avoir eu pour père et pour guide de sa vocation, comme tant d'autres parmi les prêtres vénérables qui entouraient ce cercueil. Il eût voulu céder la parole à quelqu'un de ces dévoués collaborateurs qui, pendant de si longues années, furent les témoins et les imitateurs du défunt ; mais les sanglots eussent étouffé leur voix, et M. le vicaire général dut, à cause de la mission dont il était chargé, dominer son émotion et dépeindre M. Infernet toujours supérieur aux fonctions qu'il remplit, si élevées et si diverses qu'elles fussent, se montrant constamment l'homme de la situation et justement honoré de la confiance successive de quatre évêques. M. Infernet aggrava ou même contracta son mal en parlant une dernière fois aux fidèles. On peut dire ainsi qu'il est mort au champ d'honneur et qu'il a de la sorte doublement mérité les honneurs militaires et la présence des troupes rehaussant l'éclat de la pompe funèbre. Et une fois tombé, abattu sous le mal sans trêve, quel courage, quelle vertu et quelle foi ! Quelle leçon pour l'impie, qui ne croit pas à l'immortalité de l'âme ! M. Infernet a souri à la mort et a répondu à l'appel du Maître avec empressement. Ainsi vie et mort, tout a été chez lui un exemple, et demeure après lui un enseignement.

Après ce discours, que nous aurions voulu reproduire tel qu'il est tombé des lèvres de l'orateur sur la foule attentive et impressionnée, les prières de l'absoute furent chantées et le cortège se mit en marche. Une pluie torrentielle l'empêcha de se développer avec la pompe que l'on avait préparée et qui eût été un véritable triomphe pour la religion. Toute la ville était debout dans les rues inondées, comme elle était à l'église pendant l'office funèbre ; la plupart des magasins étaient fermés en signe de deuil. Chacun avait tenu à rendre au vénéré défunt un dernier témoignage de respect et d'affection. Cinq poêles précédaient le cercueil ; celui du clergé, celui de la famille, celui de la fabrique, celui des légionnaires, celui des autorités civiles.

Et maintenant que la mort nous l'a ravi, continuons tous son œuvre. Travaillons, sous la bannière qu'il a tenue et si haut et si ferme, au développement de la foi, dont il célébra les avantages dans son dernier discours ; de la foi qu'il a prêchée encore par sa maladie et son trépas ; de la foi dont il a voulu entretenir les œuvres après sa mort, en se faisant précéder, au tribunal du souverain juge, par des dispositions aussi sages que généreuses. Que la foi vive et agissante nous console et nous montre le ciel, où celui que les *Annales de Lourdes* appelaient si bien, en 1873, le doux et vaillant vieillard, est allé nous attendre !

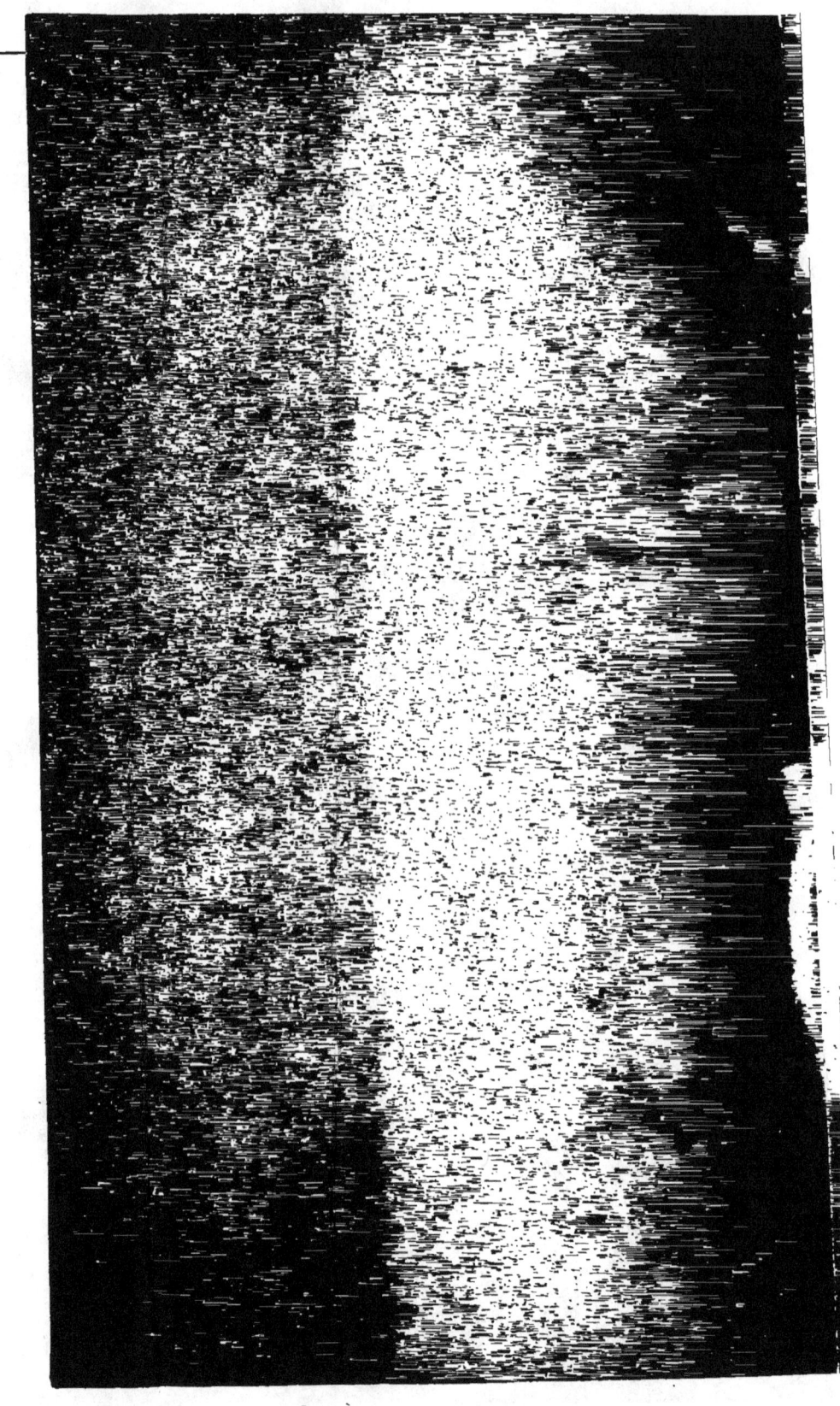

www.ingramcontent.com/pod-product-compliance
Lightning Source LLC
Chambersburg PA
CBHW060505050426

42451CB00009B/826